Orri

&

Orca (Paus Pembunuh)

Written by Ida Surjani

Ditulis oleh Ida Surjani

Illustrated by Ida Surjani & J.A. Gunnarsson

Ilustrasi oleh Ida Surjani & J.A Gunnarsson

ISBN 978-9935-9204-3-0

JAG BOOKS

Kópavogur – Iceland (Islandia)

www.idasurjani.com

DEDICATION
DEDIKASI

I dedicate this book to my lovely son, J.A. Gunnarsson who will be celebrating his 10th birthday this year.

Buku ini saya persembahkan untuk anak laki-laki saya yang tampan, J.A. Gunnarsson, yang akan berulang tahun kesepuluh tahun ini.

ACKNOWLEDGEMENTS

UCAPAN TERIMA KASIH

A special thanks:

Terima kasih khusus saya ucapakan:

To my wonderful friend as well as my former professor, Dr. Suchitra Mouly, for her excellent suggestions and tips as well as editing the book.

Untuk teman baik saya yang juga adalah bekas dosen pembimbing saya, Dr. Suchitra Mouly, yang telah memberikan beberapa saran dan petunjuk yang berguna maupun mengedit buku ini.

To my son, J.A. Gunnarsson for doing some drawings for the book.

Untuk anak laki-laki saya, J.A. Gunnarsson, yang telah membuat beberapa ilustrasi untuk buku ini.

To my husband Gunnar for helping me out with the computer issues.

Untuk suami saya, Gunnar, yang telah membantu mengatasi masalah-masalah seputar komputer.

This is a story of a little boy who lives in Iceland. Cerita ini berkisah tentang seorang anak laki-laki yang tinggal di negara Islandia. His name is Orri. Ia bernama Orri. Orri is 8 years old. Orri berumur 8 tahun. He does not like dogs or cats or fish or other pets. Ia tidak menyukai anjing atau kucing atau ikan ataupun binatang-binatang peliharaan lainnya. He is actually terribly afraid of dogs, cats and other animals. Ia bahkan juga teramat takut dengan anjing, kucing ataupun hewan-hewan lainnya.

Orri

On a school trip, Orri saw a large poster with many whales from a nearby library. Pada suatu acara kunjungan ke perpustakaan setempat bersama rombongan sekolahnya, Orri melihat sebuah poster berisi bermacam-macam jenis paus. He became fascinated with those whales, particularly orca or killer whale. Ia menjadi sangat tertarik dengan paus, terutama jenis paus yang bernama orca atau paus pembunuh.

It is a type of whale that has black colour on top and white colour on its underside. Paus jenis ini memiliki warna hitam pada bagian atasnya dan warna putih pada bagian samping-samping tubuhnya.

Whales in Iceland - Paus-paus di Islandia

Orri loved orcas so much. Orri sangat menyukai paus pembunuh. He always wanted to see orcas. Ia selalu berharap untuk dapat melihat paus-paus pembunuh. He also hoped to have an orca in his home! Ia bahkan juga menginginkan untuk dapat memelihara seekor paus pembunuh di rumahnya!

Orri was extremely excited as he said to his father, "Dad, can we have an orca in our home? Dengan wajah yang gembira Orri berkata kepada ayahnya, "Ayah, apakah kita bisa memelihara paus pembunuh di rumah kita? How about we catch an orca, dad?" Bagaimana kalau kita menangkap paus pembunuh, Yah?"

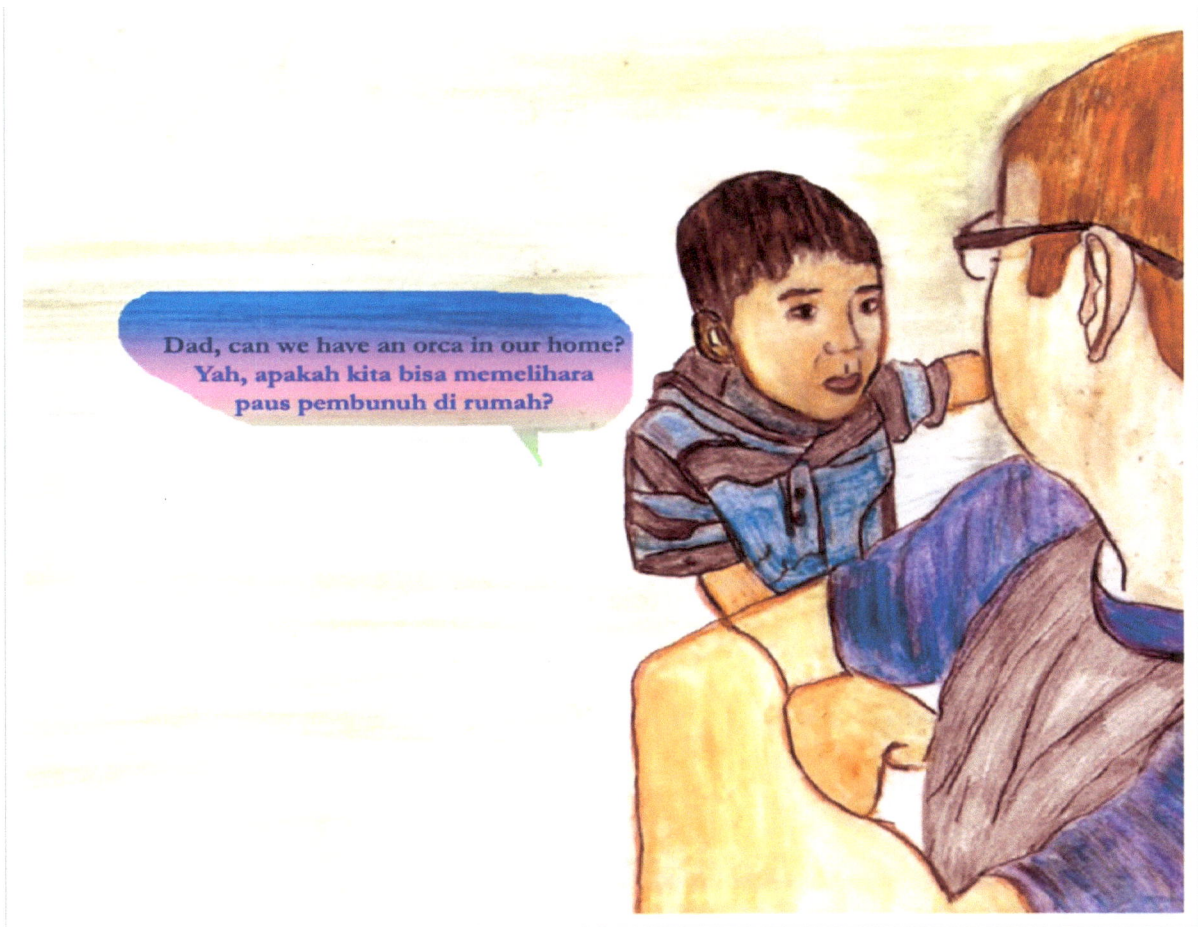

Orri's father replied, "Hm…I think it's impossible, son. Ayah Orri menjawab, "Hmm…aku pikir itu hal yang mustahil, Nak. Do you know how big an orca is? Tahukah kamu berapa besar paus pembunuh itu? And where and how're you gonna keep it?" Dan di mana kamu akan memeliharanya?"

Orri replied, "I have thought about it all, dad. Orri menjawab, "Aku sudah memikirkan semuanya, Yah. We will build a giant aquarium and have an orca in it," whispered Orri to his father excitedly. Kita akan membuat akuarium raksasa untuk paus pembunuh itu," bisik Orri dengan ceria kepada ayahnya.

"We can place the aquarium in the living room," continued Orri with a twinkle in his hazel eye. "Kita dapat letakkan akuarium tersebut di ruang tamu," lanjut Orri dengan matanya yang berwarna coklat kehijauan itu tampak seperti baru berpikir bahwa idenya akan membuahkan hasil. "What do you think, dad? "Bagaimana menurutmu, Yah? Don't you think we can do it together?" Bukankah kita dapat bersama-sama membuatnya?" And then Orri convinced his father by saying, "I promise I will help you build it, dad!" Dan kemudian Orri meyakinkan ayahnya dengan berkata, "Aku janji akan membantumu untuk membuat akuariumnya, Yah!"

Orri's dad answered that it is impossible to make a big aquarium and have an orca in it. Ayah Orri menjawab bahwa mereka tidak dapat membuat akuarium raksasa untuk menampung seekor paus pembunuh. But he promised that they could go to see orcas. Akan tetapi ia berjanji bahwa mereka dapat pergi untuk melihat paus pembunuh.

"We can go on a boat tour and see whales. "Kita dapat naik perahu untuk melihat paus. And if we are lucky enough we may be able to see orcas as well. Dan apabila kita beruntung kemungkinan kita dapat melihat paus pembunuh juga. What do you think, son? Bagaimana menurut, Nak? Do you like to go on a boat? Apakah kamu suka naik perahu? Aren't you afraid of being on a boat?" Asked Orri's dad as he finished speaking with his son. Kamu takut tidak?" Tanya ayah Orri saat ia mengakhiri pembicaraan dengan anaknya.

On one weekend, Orri with his mom and dad drove to Grundarfjördur. Pada suatu akhir pekan, Orri bersama ayah dan ibunya pergi ke Grundarfjördur. It is a town in the north of the Snæfellsnes peninsula in the west of Iceland. It is a small but very beautiful town. Grundarfjördur adalah kota kecil yang sangat indah di semenanjung utara Snaefellsnes, di negara Islandia bagian barat. They went for a whale watching tour from there. Mereka berwisata dengan naik perahu untuk melihat paus di daerah itu.

It took about two to three hours to Grundarfjördur from Orri's place in Kópavogur. Perjalanan dari rumah Orri di Kópavogur ke Grundarfjördur biasanya ditempuh antara dua hingga tiga jam. The journey itself was not easy as Orri became easily bored. Perjalanan itu sendiri tidak mudah karena Orri mudah menjadi bosan.

He kept asking, "Are we near the place, dad?" Dia terus menerus bertanya, "Apakah kita sudah mau sampai, Yah?" And also, "How long is the journey, dad?" Dan juga, "Berapa lama perjalanannya, Yah?" Orri was impatient. Orri menjadi tidak sabar. He could not wait to see orcas. Ia tidak bisa menunggu untuk segera dapat melihat paus pembunuh.

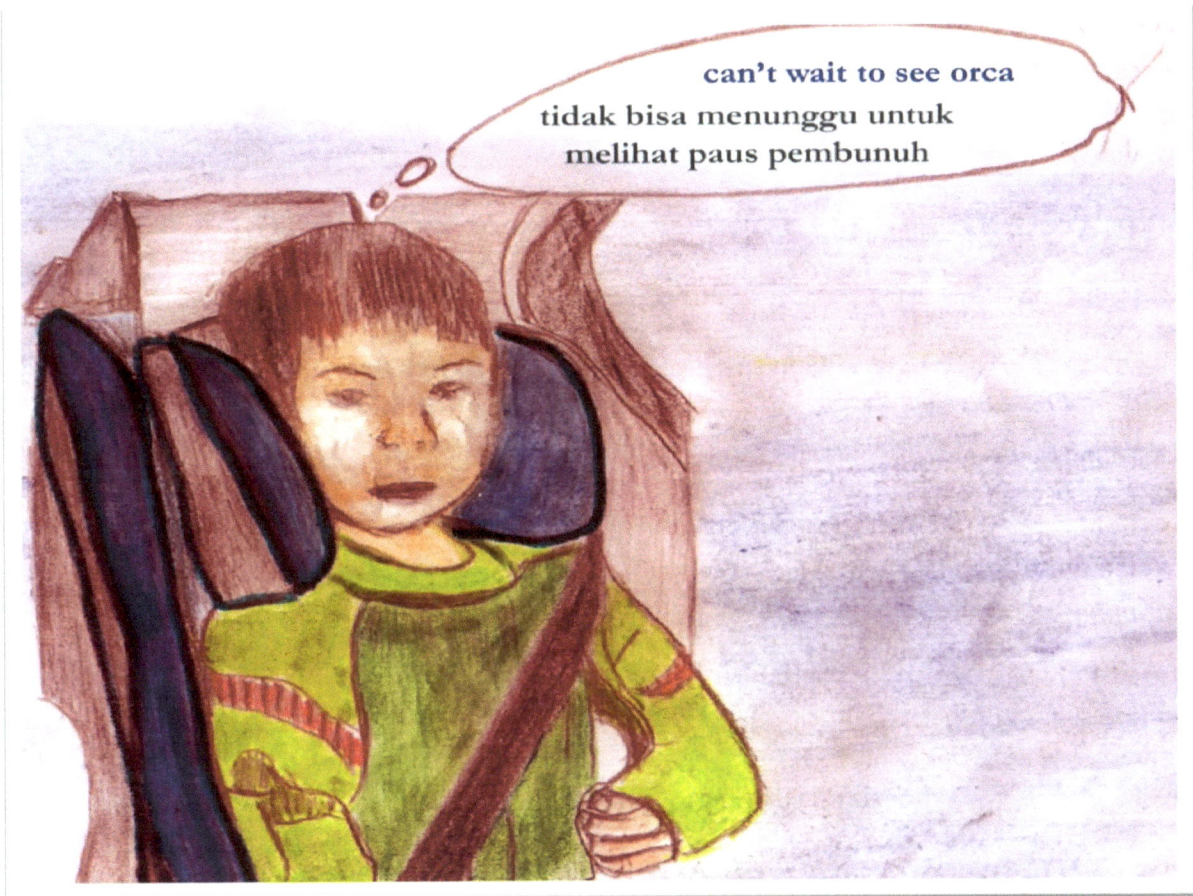

After two and a half hours of driving they finally arrived at the venue for a whale watching tour. Setelah menempuh perjalanan selama dua dan setengah jam, mereka akhirnya tiba di tempat dimulainya wisata untuk melihat paus. There were about twenty other people, mostly foreign tourists who loved to see whales in their natural habitat. Ada kira-kira dua puluh orang lainnya yang sebagian besar adalah para wisatawan asing yang tertarik untuk melihat paus di habitat aslinya.

It was a windy, cold and rather cloudy day in late March 2013. Hari itu merupakan hari terakhir di bulan Maret tahun 2013. Langit berawan disertai hawa dingin dan angin yang cukup kencang. The boat kept sailing for almost one and a half hours and there was nothing to see except the vast expanse of the ocean and birds flying around in the sky. Perahu yang ditumpangi Orri beserta kedua orang tuanya telah berlayar selama hampir satu setengah jam dan mereka tidak melihat sesuatu yang lain selain hamparan air laut yang luas dan burung-burung yang beterbangan di langit.

But then suddenly the tour guide shouted, "Twelve o'clock!" It meant that one could see something at twelve o'clock position or straight ahead position. Akan tetapi tiba-tiba pemandu wisata berteriak, "Pukul dua belas!" Hal ini berarti kita dapat melihat sesuatu pada posisi lurus ke depan perahu.

3 dolphins jumped out of the water at 12 o'clock position
3 ekor lumba-lumba terlihat melompat dari laut pada posisi pukul 12.00

Orri and his parents and also people on the boat were very excited and observed carefully to the area being told for some sightings of either whales or dolphins. Orri beserta orang tuanya dan juga orang-orang lain yang berada di perahu itu sangat gembira. Mereka sibuk mengamati lautan sesuai dengan arah yang diinstruksikan untuk melihat penampakan paus atau lumba-lumba.

Wow, it was an incredible sight! Wow, pemandangan yang sungguh menakjubkan! There were a whole pod of dolphins swimming and jumping around and they were so very close to the boat. Terlihat sekelompok lumba-lumba yang sedang berenang dan juga melompat-lompat yang jaraknya teramat dekat dengan perahu mereka. They moved very freely and oh so quickly! Lumba-lumba tersebut berenang sangat bebasnya dan oh teramat cepat pula gerakannya!

Orri was very excited and happy as he shouted, "Dad, look at those baby orcas! Orri sangat gembira dan bersuka-cita saat ia berteriak dengan kencangnya, "Ayah, lihatlah bayi-bayi paus pembunuh itu! Oh look here's another one. Oh lihat, di sini ada juga yang lain. Another baby orca! Ada bayi paus pembunuh yang lain! And oh those are another ones as well! Dan oh itu ada beberapa lagi yang lainnya! You see? Kamu lihat? One, two, three and that's also four, five and do you see them? Satu, dua, tiga dan juga empat, lima dan kamu lihat mereka?

Oh there're some others! Oh di sana ada beberapa lagi yang lainnya. They jump!" Mereka lompat!"

Orri kept counting and pointing while also watching some dolphins. Orri mengamati beberapa lumba-lumba itu sambil terus menunjuk serta menghitung jumlahnya. He thought those dolphins were orca's babies. Dia mengira lumba-lumba itu adalah bayi-bayi paus pembunuh.

An Orca
Seekor paus pembunuh

A dolphin
Seekor lumba-lumba

Then the boat turned around as it was time to go back to the original marina and Orri occasionally saw few dolphins on the way back.

Kemudian perahu itu berbalik arah karena sudah tiba waktunya untuk segera kembali ke pelabuhan dan sesekali Orri kembali menjumpai beberapa lumba-lumba. As Orri realised that the tour was almost over and they were heading back, he disappointedly said, "Why did I see only baby orcas? Ketika Orri sadar bahwa wisata itu akan segera berakhir dan mereka berbalik arah, ia berkata dengan agak kecewa, "Mengapa aku hanya melihat bayi-bayi paus pembunuh? Where are their mothers and fathers?" He asked his parents. Di mana ayah dan ibu mereka?" Ia bertanya kepada orang tuanya.

Orri's parents tried to pacify Orri by saying that those dolphins were as cute as orcas. Orang tua Orri berusaha membujuk dan meyakinkan Orri dengan mengatakan bahwa lumba-lumba itu juga tidak kalah lucunya dari paus pembunuh. But Orri was not pleased. Akan tetapi Orri tidak senang. "These are little orcas, they are just babies. "Tadi yang kulihat hanyalah paus-paus pembunuh yang kecil, mereka masih bayi. I want to see the big ones, dad. I want to see their moms and dads!" Aku ingin melihat paus pembunuh yang besar, Ayah. Aku ingin melihat ayah dan ibu mereka, bukan bayi-bayinya!"

Orri tried to call out for orcas a few times, "Orcas...orcas...where are you...where are you? Orri mencoba untuk memanggil paus-paus pembunuh beberapa kali, "Paus-paus pembunuh...paus-paus pembunuh...di manakah kamu...di manakah kamu? Orcas...come out and play. Paus-paus pembunuh ayo keluar dan bermain. I am Orri, your friend." Aku Orri, temanmu."

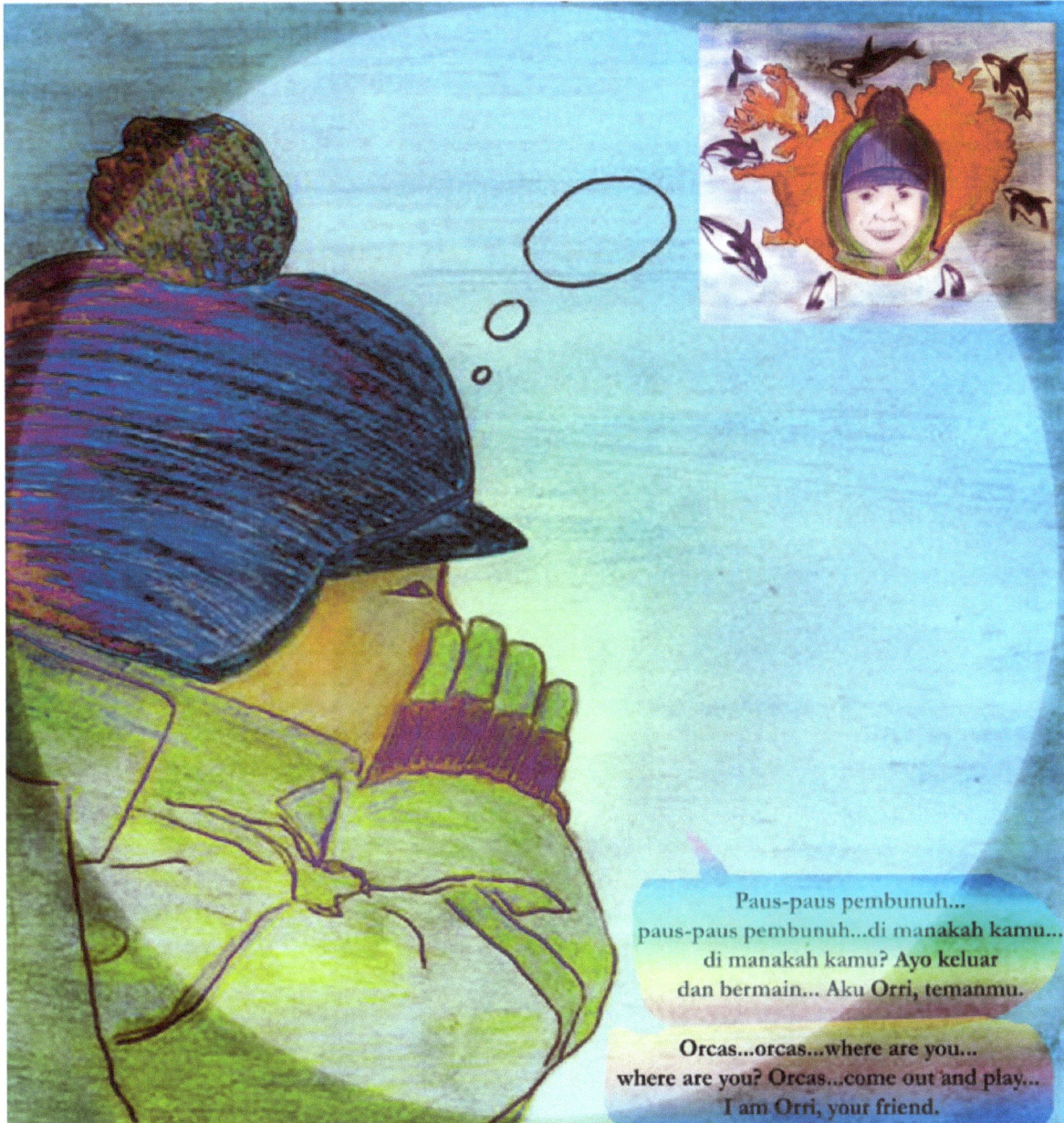

Paus-paus pembunuh...
paus-paus pembunuh...di manakah kamu...
di manakah kamu? Ayo keluar
dan bermain... Aku Orri, temanmu.

Orcas...orcas...where are you...
where are you? Orcas...come out and play...
I am Orri, your friend.

However, no orcas were to be seen. Akan tetapi, tiada tampak paus-paus pembunuh. They did not see any orcas on that boat trip and Orri was disappointed as only an eight year old could be. Mereka tidak melihat satu paus pembunuh pun dalam wisata mereka kali itu dan Orri menjadi sangat kecewa seperti layaknya anak berumur delapan tahun.

Two months after the boat trip, Orri and his parents were travelling again. Setelah dua bulan berlalu, Orri beserta kedua orang tuanya kembali bertamasya. This time the trip was to the north of Iceland. Kali ini perjalanan mereka ke negara Islandia bagian utara. They were on a whale watching tour again. Mereka berwisata dengan naik perahu untuk melihat paus lagi. The boat started in a lovely town named Husavík. Wisata ini dimulai di sebuah kota kecil nan indah yang bernama Husavík. Orri was again hoping to see orcas in this area. Lagi-lagi Orri berharap untuk dapat melihat paus pembunuh di daerah itu.

The boat was soon sailing. Perahu itu segera berlayar. The sun was shining but the weather was still cold, but importantly there was not much wind. Pada hari itu cuaca cukup bagus. Hawa masih cukup dingin, tetapi matahari sedang bersinar dengan teriknya dan angin tidak terlampau kencang. They had a good start for a successful boat tour that day. Sungguh permulaan yang bagus untuk memulai wisata perahu mereka pada hari itu.

Husavik Harbour, North Iceland Pelabuhan Husavík, Islandia Utara

Orri was quiet with his own thoughts and hopes of seeing his beloved orcas. Orri tampak diam dan tenggelam dalam pikiran serta harapannya untuk dapat melihat paus pembunuh kesayangannya. It was about thirty minutes or so and the tour guide suddenly announced to the people on the boat with his codes: "three o'clock," and then "nine o'clock," and continued "six o'clock" for directions of the possible sightings. Akan tetapi, setelah tiga puluh menit berlalu, pemandu wisata dengan kencangnya memberitahu perserta tur dengan kode khususnya: "pukul 3.00," dan kemudian "pukul 9.00," dan ia melanjutkan "pukul 6.00" untuk menunjukkan arah-arah penampakan.

Orri and his parents, along with the other people on the boat were soon totally absorbed in watching whales and dolphins from the left, then moved to the right and then at the back and also at the front side on the boat. Orri beserta kedua orang tuanya dan juga orang-orang di atas perahu segera hanyut dengan kesibukan mereka untuk melihat paus dan lumba-lumba dari sebelah kiri, kemudian pindah ke sebelah kanan, lalu ke belakang dan akhirnya ke sisi depan perahu.

They all kept moving to get as many sightings as they could. Mereka terus menerus berpindah tempat untuk dapat melihat penampakan semaksimal mungkin.

Suddenly, out came a gigantic whale blowing and jumping out of the sea and it was so very close to the boat. Pada suatu saat tampak seekor ikan paus yang sangat besar. Paus itu menyemburkan air dan melompat keluar dari laut dengan amat cepatnya dan jaraknya teramat dekat dengan perahu. Orri was so taken aback at this unexpected sighting that he shouted, "I saw it! It's a humpback whale, I know it! Orri sangat terkejut atas penampakan yang tidak terduga ini sehingga ia berteriak, "Aku melihatnya! Itu paus Humpback, aku tahu itu! I saw it!" Aku melihatnya!" And then, "Oh it's so terribly big!" Dan kemudian, "Oh paus itu besar sekali!"

Paus Humpback
Humpback Whale

Orri also saw some fin whales as he shouted, "Over there, look, that's a fin whale!" Orri juga melihat beberapa paus Fin ketika ia berteriak, "Lihat di sana, itu paus Fin!" Those whales kept coming in and out of their view, moving with amazing speed given their size. Paus-paus itu bermunculan dan kemudian juga menghilang beberapa kali. Mereka amat menakjubkan. Dengan ukuran tubuh yang begitu besar, paus-paus tersebut mampu melaju dengan kecepatan yang sangat luar biasa. Orri was excited to see so many whales. Orri sangat riang karena berhasil melihat beberapa paus.

Paus Fin
Fin whale

Then it was time for the boat to turn around. Orri said, "Hmm…I still have not seen any big orcas, dad…where are they?" Akan tetapi pada saat perjalanan hampir selesai dan perahu harus segera berbalik arah, Orri tiba-tiba berkata, "Hmm… aku tidak melihat paus pembunuh yang besar ya, Yah…di manakah mereka?" He kept repeating, "Where are they, dad?" Kemudian ia mengulangi lagi, "Di manakah mereka, Ayah?"

Orri's parents explained that it was quite possible that some orcas have travelled somewhere else to another part of the world. Orangtua Orri menjelaskan bahwa paus-paus pembunuh itu mungkin sudah berpindah ke tempat lain yang sangat jauh jaraknya. Those orcas would usually leave before summer and would be coming back later to Iceland in winter time. Mereka biasanya berpindah tempat sebelum musim panas dan datang kembali ke wilayah Islandia pada musim dingin.

Orri did not understand the explanation, and he seemed to be disappointed as he said, "Possibly they do not exist anymore, dad? Orri tidak mengerti penjelasan orangtuanya, dan ia tampak sangat kecewa pada saat ia berkata, "Mungkin mereka sudah tak ada lagi, Yah? Do they?" Benarkah mereka sudah tak ada?" He continued, "Do big orcas really exist in here? Ia melanjutkan, "Apakah paus pembunuh benar-benar masih ada di sini? I think there are no orcas in here, dad. Aku kira memang tidak ada paus pembunuh di daerah ini, Ayah. Perhaps they are somewhere else, but not in here. Mungkin mereka ada di tempat lain, tapi yang jelas tidak ada di sini. They are possibly overseas right now. Mereka mungkin ada di luar negeri. They are obviously not in here! Mereka jelas tidak ada di sini. What do you think, dad?" Bagaimana menurutmu, Yah?"

Orri's dad answered, "Hmm….I think it's quite possible, son. Ayah Orri menjawab, "Hm….aku pikir itu mungkin benar, Nak. We are probably too late. Kemungkinan kita memang sudah terlambat. Those orcas might have travelled else where. Paus-paus pembunuh itu mungkin telah berpindah ke tempat lain. But don't worry, someday we'll see orcas, big ones, son," assured Orri's dad to his disappointed and rather dejected son. Akan tetapi kamu jangan khawatir Nak, pada suatu hari nnti kamu pasti akan dapat melihat paus-paus pembunuh,yang sangat besar," janji ayah Orri kepada anaknya yang sedang kecewa dan sedih itu.

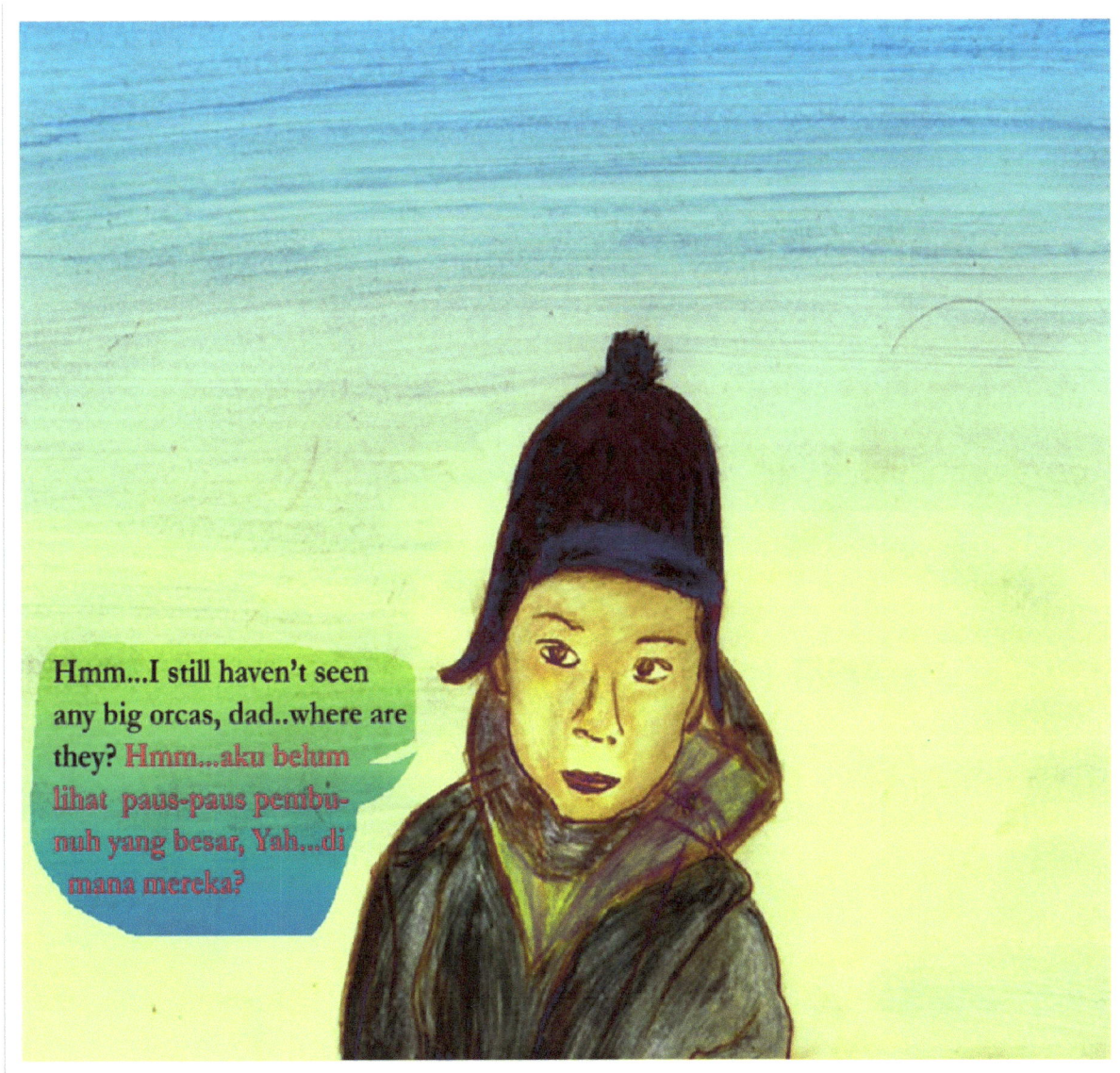

After that boat trip, Orri's parents wondered what they could do to help Orri overcome his disappointment. Setelah wisata dengan perahu tersebut berlalu, orang tua Orri berusaha mencari jalan untuk dapat mengobati kekecewaan anaknya. Would he naturally outgrow it? Mungkinkah ia akan mengatasi kekecewaannya dengan sendirinya? Orri's dad was planning to go for another boat trip as orcas usually would come back to Iceland in winter. Ayah Orri berencana untuk ikut tur sekali lagi, karena paus pembunuh biasanya akan datang kembali ke wilayah Islandia pada musim dingin. But Orri's mom said that Orri would be totally devastated if they were not lucky and could not see any orcas. Akan tetapi ibu Orri tidak bersependapat, karena Orri akan menjadi lebih sedih apabila mereka tidak beruntung, dan tidak bisa melihat paus pembunuh. They were afraid of giving false hopes to Orri and make things worse for him. Mereka takut memberikan janji-janji kosong kepada Orri dan membuat keadaan makin memburuk.

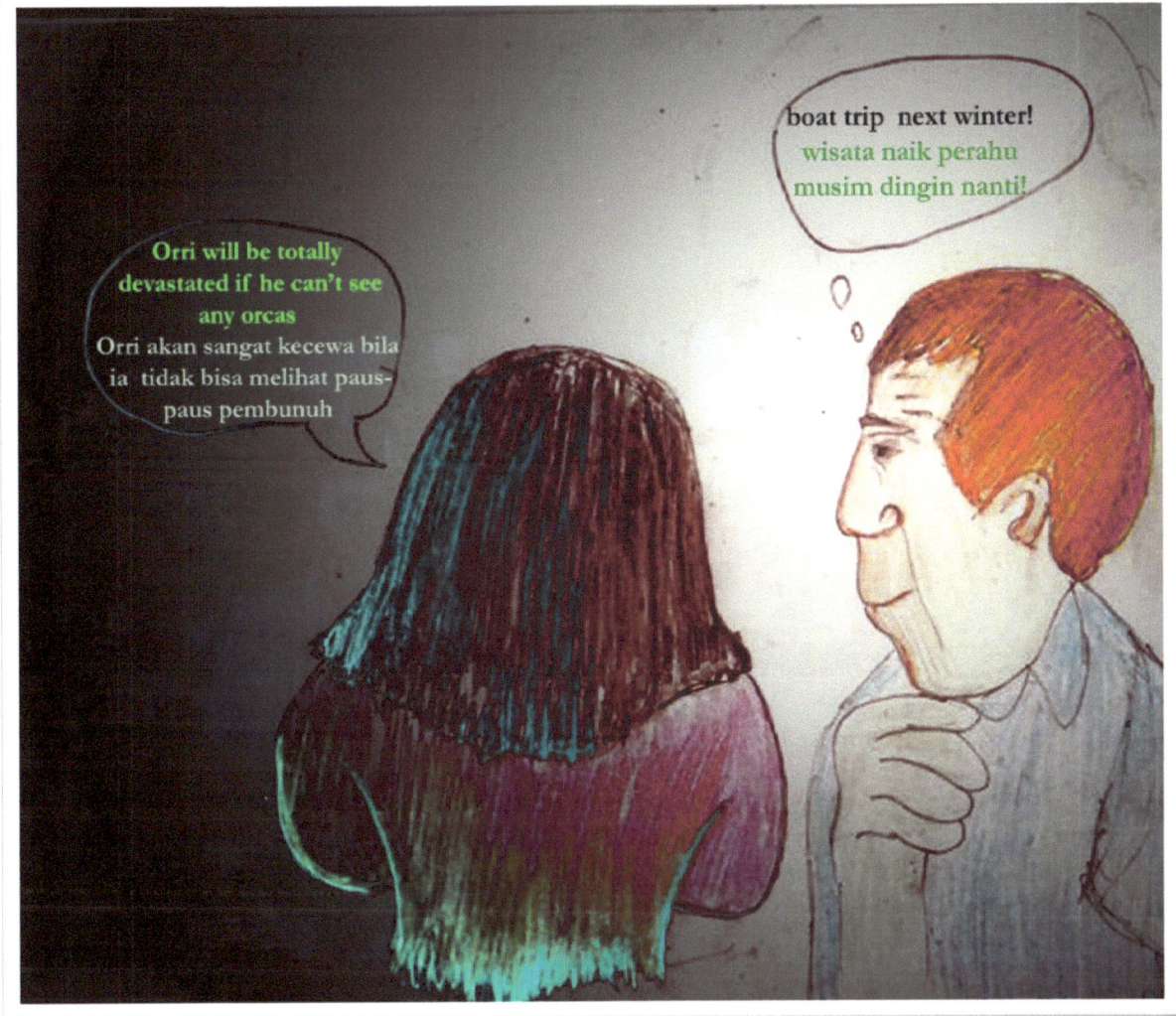

Time passed so quickly and it was almost a year when Orri and his parents went to the first boat tour in Grundarfjördur. Waktu berlalu dengan cepatnya, dan akhirnya sudah hampir satu tahun ketika Orri bersama orang tuanya berwisata dengan naik perahu untuk pertama kalinya di kota Grundarfjördur. They were in the same town again. Mereka akhirnya pergi ke kota yang sama lagi. But this time they were not on a boat tour. Akan tetapi mereka tidak sedang wisata dengan perahu. They were coming to a birthday party of a distant cousin who lived in a farm outside Grundarfjördur. Mereka bepergian karena ada undangan pesta ulang tahun dari sepupu Orri yang kebetulan tinggal di sebuah peternakan di luar kota Grundarfjördur.

Before going to the party they stopped by in a gas station not too far from the marina. Sebelum pergi ke pesta mereka berhenti di sebuah pompa bensin yang letaknya tidak terlalu jauh dari pelabuhan. Orri was looking far away at the sea and he felt he saw something there. Orri memandang jauh ke laut dan dia merasa melihat sesuatu nun jauh di sana. His gaze kept going back to one specific spot again and again. Lagi-lagi pandangan matanya selalu tertuju pada satu tempat yang sama. He suddenly told his parents that he saw something black and big jumping out of the water as he shouted excitedly, "I just saw an orca! I am sure it's an orca!" Tiba-tiba Orri seperti melihat sesuatu yang besar berwarna hitam dan melompat dari laut dengan sangat cepatnya ketika ia berteriak dengan penuh semangat, "Aku baru saja lihat paus pembunuh! Aku yakin itu paus pembunuh!"

Orri and his parents walked closer to the marina so that they could see much better. Orri dan orang tuanya berjalan mendekat ke pelabuhan supaya mereka dapat melihat lebih jelas. As they came closer they saw there were a group of five orcas swimming not too far from the marina. Ketika mereka sudah dekat pelabuhan mereka dapat melihat ada lima ekor paus pembunuh yang sedang berenang tidak terlampau jauh dari pelabuhan. Orri's face registered a gamut of feelings: excitement, happiness, shock and thrill as he said, "Those are the real orcas, the killer whales that I have been searching for. Ekspresi wajah Orri menunjukkan berbagai macam perasaan: gembira, bahagia, terkejut dan gemetar tatkala ia berkata, "Itu betul-betul paus pembunuh, paus-paus pembunuh yang telah lama ku cari.

Those are the real ones. Itu betul-betul jenis yang aku cari. Ohh …I am so glad. Ohh… betapa senangnya aku. I finally see big orcas, very big, and so many of them!" Aku akhirnya dapat melihat paus-paus pembunuh, sangat besar, dan begitu banyak jumlahnya!"

Those orcas were chasing each other. Paus-paus itu saling kejar-mengejar satu dengan lainnya. They jumped out of the water and landed on their back and sometimes also on their side. Mereka melompat, keluar dari air laut dan kemudian menjatuhkan tubuhnya di bagian punggung, dan sesekali juga di bagian samping tubuhnya. They also released water through their blowholes. Mereka juga menyemburkan air melalui lubang semburnya. "Are those orcas playing with each other, dad? "Apakah para paus pembunuh itu sedang bermain-main, Yah? They look they're having much fun, dad," asked Orri to his father. Tampaknya mereka sedang bersenang-senang, Yah," tanya Orri kepada ayahnya.

"Yes, son. They're just like us. "Ya betul, Nak. Mereka seperti kita. Orcas play with their friends or family members. Paus-paus pembunuh bermain dengan teman-teman mereka atau dengan anggota keluarga mereka. They're not alone." Mereka tidak sendirian."

Orri replied to his father, "Yes, they do enjoy playing with each other. Orri menjawab ayahnya, "Ya, mereka menikmati bermain satu dengan yang lainnya."

Orri watched the ocean with his orcas in them for a long time with total absorption and he finally said, "Orca is so cute. Orri menikmati keindahan laut dengan paus-paus pembunuh itu di dalamnya dalam waktu yang cukup lama, dan akhirnya ia berkata, "Paus-paus itu sangat lucu. But it is also so terribly big. Akan tetapi ukurannya juga teramat besar. We really have no place for him at home." Kita benar-benar tidak mempunyai tempat untuk menampungnya di rumah." As Orri continued saying to his dad, "If we take just one orca to our home, he will get lonely without his family and friends and it's not good to be alone, dad." Orri melanjutkan percakapannya dengan ayahnya, "Selain itu apabila kita ambil hanya satu ekor paus pembunuh, ia akan kesepian tanpa keluarga dan teman-temannya, dan sangat kasihan kalau ia sendirian, Yah."

Bye-bye orcas, see you later!
Selamat tinggal paus-paus
pembunuh, sampai ketemu
lagi ya!

Then Orri continued watching those orcas for few minutes until they were finally swam further and further away. Orri melanjutkan melihat paus-paus pembunuh tersebut selama beberapa menit lagi sampai akhirnya mereka berenang menjauh dan tidak kelihatan. "Orcas are my friends, I love you orcas!" Said Orri while he waved his hand and cheerfully said, "bye-bye orcas, see you later!"

"Paus-paus pembunuh adalah teman-temanku, aku sayang kamu!" Kata Orri sambil melambaikan tangannya dan ia berkata dengan ceria, "selamat tinggal paus-paus pembunuh, sampai ketemu lagi ya!"

Orri's face was happy and serene as he knew that his orcas were happy with their friends in the ocean and that the ocean was their home. Wajah Orri bersinar dan ia kelihatan sangat bersukacita karena ia tahu bahwa paus-paus pembunuh kesayangannya hidup bahagia bersama dengan teman-temannya di samudera raya. Dan di samudera raya itulah rumah paus-paus pembunuh.

THE END   TAMAT

ABOUT THE AUTHOR TENTANG PENULIS

Ida Surjani is a stay at home mom who lives in Kópavogur, Iceland. Ida Surjani adalah seorang ibu rumah tangga yang tinggal di Kópavogur, Islandia. She loves travelling, painting as well as cooking. Ia gemar bertamasya, melukis dan memasak. Ida has a Master's degree and a Graduate Diploma in Commerce from Auckland University in New Zealand. Ida mempunyai gelar Master dan Diploma Pasca Sarjana di bidang perdagangan dari Auckland University di Selandia Baru. She also holds a Bachelor's degree in Business Management from Atma Jaya Catholic University in Indonesia. Ia juga mempunyai gelar S1 di bidang Bisnis Manajemen dari Universitas Katolik Atma Jaya di Indonesia. After she moved to Iceland in 2002, she went to the University of Iceland and completed a Bachelor of Arts degree in English and Icelandic for foreigners. Setelah ia pindah ke Islandia pada tahun 2002, ia belajar di Háskóli Íslands dan menyelesaikan gelar BA di jurusan bahasa Inggris dan bahasa Islandia untuk orang asing.

Orri and Orca is Ida's first children's book and this book is the first series of her children's book called "Orri." Orri dan Orca (Paus Pembunuh) adalah buku anak pertama yang ia tulis dan buku ini merupakan seri pertama dari buku anak-anak yang berjudul "Orri." This book is inspired by a real life incident with her son who has an autism spectrum disorder. Buku ini diinspirasi oleh kisah kehidupan nyata anaknya yang menderita autis. The little boy's incredible love for orcas and his desire to see as well as to own an orca and some memorable events that follow become the basis for this story. Rasa kecintaan anaknya yang luar biasa terhadap orca atau paus pembunuh dan juga keinginannya untuk melihat serta memiliki paus pembunuh dan beberapa peristiwa mengesankan yang terjadi menjadi sumber inspirasi buku cerita ini. The boy's simple conversations to his dad are strongly emphasised in this book to keep young children as well as adults engaged to the scenes while reading this book. Dengan mengandalkan gaya percakapan yang sederhana antara anak ini dengan ayahnya, penulis berharap anak-anak maupun orang dewasa dapat memahami dan mengikuti kejadian demi kejadian di dalam cerita ini secara lebih hidup dan menarik.

The opportunity to have lived and studied in 3 different countries equipped the author to write this story in three different languages: English, Icelandic and Indonesian. Pengalaman hidup dan belajar di tiga negara yang berbeda memungkinkan penulis untuk mengungkapkan kisah cerita ini dalam tiga bahasa yaitu: bahasa Inggris, bahasa Islandia dan bahasa Indonesia. She hopes that this story may touch the hearts of both children and adults. Ia berharap cerita ini dapat menyentuh hati anak-anak dan orang dewasa.
+--

www.ingramcontent.com/pod-product-compliance
Lightning Source LLC
Chambersburg PA
CBHW060818270326
41930CB00002B/82

9 789935 920430